yukismart.com/b/685006
AF292268
1
2

appel

Apfel

banaan

Banane

peer

Birne

kers

Kirsche

limoen

Limette

citroen

Zitrone

kweepeer

Quitte

kiwi

Kiwi

druiven

Weintrauben

watermeloen

Wassermelone

sinaasappel

Orange

clementine

Clementine

aardbei

Erdbeere

framboos

Himbeere

veenbes

Cranberry

bosbes

Heidelbeere

bes

Johannisbeere

braambes

Brombeere

sap

Saft

jam

Marmelade

geroosterd brood

Toast

grapefruit

Grapefruit

meloen

Melone

pompelmoes

Pomelo

kumquat

Kumquat

mirabel pruim

Mirabelle

perzik

Pfirsich

abrikoos

Aprikose

pruim

Pflaume

ananas

Ananas

granaatappel

Granatapfel

olijf

Olive

vijg

Feige

dadel

Dattel

avocado

Avocado

lychee

Litschi

kaki

Kaki

stervrucht

Sternfrucht

mango

Mango

ramboetan

Rambutan

longan

Longan

langsat

Langsat

mangosteen

Mangostan

jackfruit

Jackfrucht

sapodilla

Sapodille

guave

Guave

jujube

Jujube

durian

Durian

zuurzak

Guanabana

papaja

Papaya

drakenfruit

Drachenfrucht

kokosnoot

Kokosnuss

cacao

Kakao

chocolade

Schokolade

aardappel

Kartoffel

maïs

Mais

yam

Süßkartoffel

pompoen

Kürbis

flespompoen

Butternuss

cassave

Maniok

wortel

Karotte

tomaat

Tomate

paddenstoel

Pilz

broccoli

Brokkoli

asperge

Spargel

artisjok

Artischocke

komkommer

Gurke

spinazie

Spinat

bloemkool

Blumenkohl

courgette

Zucchini

sla

Salat

kool

Kohl

aubergine

Aubergine

raap

Rübe

radijs

Rettich

biet

Rote Beete

rabarber

Rhabarber

spruitje

Rosenkohl

prei

Lauch

munt

Minze

knolselderij

Knollensellerie

andijvie

Endivie

selderij

Sellerie

erwten

Erbsen

kikkererwten

Kichererbsen

groenen bonen

grüne Bohne

rode boon

rote Bohne

mungo boon

Mungobohne

venkel

Fenchel

pastinaak

Pastinake

paprika

Paprika

chili peper

Chilipfeffer

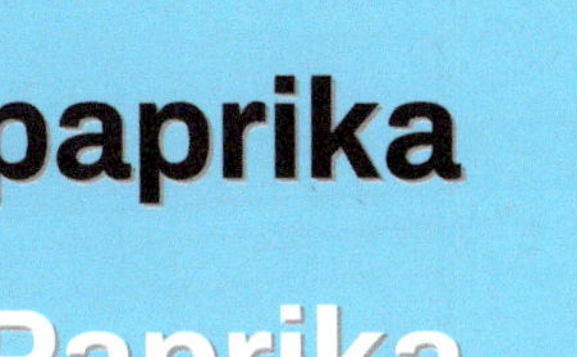

peper

Pfeffer

ui

Zwiebel

knoflook

Knoblauch

gember

Ingwer

macadamia

Macadamia

pecannoten

Pekannüsse

cashewnoot

Cashew

hazelnoten

Haselnüsse

amandel

Mandel

pistache

Pistazie

pinda

Erdnuss

kastanje

Kastanie

walnoten

Walnüsse